1

Découvertes

Série bleue

Verbenlernheft

von
Cécile Desprairies

Ernst Klett Verlag
Stuttgart · Leipzig

Verben lernen mit dem Verbenlernheft

Dieses Verbenlernheft im Taschenformat soll dir dabei helfen, die Verben von *Découvertes* zu wiederholen. Du kannst damit in Pausen oder im Bus üben oder Verbformen nachschlagen, die dir gerade nicht mehr einfallen.

Am Anfang jeder *Unité* findest du eine Liste der Verben dieser Unité. Die Zahl (N°) in der rechten Spalte gibt dir an, in welcher Tabelle im Mittelteil des Heftes du die gesuchte Verbform findest.

Willst du eine Verbform nachschlagen, hilft dir die alphabetische Verbenliste am Ende des Verbenlernheftes weiter.

Die Angabe der Fundstelle in deinem Buch (z. B. I 6B = Band I, *Unité* 6, *Atelier* B) zeigt dir sofort, ob ihr ein Verb schon durchgenommen habt oder nicht.

Einige Verben musst du auch noch gar nicht können. Die Klammern an einem Verb: < > bedeuten, dass du von diesem Verb nur einzelne Formen kennen musst, weil ihr das Verb als Ganzes noch nicht behandelt habt.

Dieselben Klammern findest du auch im Mittelteil mit den Verbtabellen wieder. Sind hier nur einzelne Zeiten eingeklammert, bedeutet das, dass du diese auch noch nicht können musst. Zusätzlich findest du hier einen Verweis auf das Kapitel in deinem Grammatischen Beiheft (z.B. G11 = *Grammatisches Beiheft*, Kapitel 11), in dem du das Verb noch einmal ausführlich anschauen kannst.

Viel Spaß und Erfolg!
Dein *Découvertes*-Team

Au début: Bienvenue!

		N°
je m'**appelle** [ʒəmapɛl]	ich heiße	1d
Ça **va**? [sava]	Wie geht's?	4
Ça **va** bien. [savabjɛ̃]	Es geht (mir) gut.	4

Atelier A: Moustique et Malabar

Viens! [vjɛ̃]	Komm!	
je **suis** [ʒəsɥi]	ich bin	1
Tu t'**appelles** comment? [tytapɛlkɔmɑ̃]	Wie heißt du?	1d
C'**est** qui? [sɛki]	Wer ist das?	1

Atelier B: C'est bizarre, Malabar!

c'**est** [sɛ]	das ist	1
C'**est** bizarre! [sɛbizaʀ]	Das ist komisch!	1
C'est fantastique!	Das ist fantastisch!	1
tu **es** [tyɛ]	du bist	1
Il **est** de Paris. [ilɛdəpaʀi]	Er ist aus Paris.	1
Elle **est** de Paris. [ɛlɛdəpaʀi]	Sie ist aus Paris.	1
C'est un … [sɛtɛ̃]	Das ist ein …	1
C'est une … [sɛtyn]	Das ist eine …	1

TIPP

Um dich mit dem Verbenlernheft vertraut zu machen, schau doch einfach mal, ob du folgende Verbform findest: Präsens, 2. Person Plural (vous) von „**être**".

Die Form lautet: **vous êtes**. Wenn du nach einer bestimmten Verbform suchst, schaust du am besten zuerst in der alphabetischen Verbenliste nach. Dort findest du den Verweis auf die entsprechende Verbtabelle im Mittelteil. Hier kannst du dann die einzelnen Verbformen nachschauen.

1. Fülle die Lücken aus. Verwende die drei Formen des Verbs *être* (*suis, es, est*).

a) *Marie*: Salut! Je ______________________________ Marie.

Et toi, tu ______________________________ Léo?

b) *Romain*: Non, je ______________________________ Romain.

c) *Marie*: Qui est-ce, Léo?

d) *Romain*: C'______________________________ un garçon.

Il ______________________________ super!

2. Vervollständige die Sätze mit *m'appelle* oder *t'appelles*.

a) *Marie*: Je ______________________________ Marie.

Et toi, tu ______________________________ comment?

b) *Romain*: Moi, je ______________________________ Romain.

Et toi, tu ______________________________ Manon?

c) *Marie:* Non, je ______________________________ Marie.

3. Stelle Fragen. Fülle die Lücken aus. (G6)

Beispiel:

– Ça va?

– Oui, ça va bien, merci.

a) – ______________________ Louise?

– Non, je ________________ Lucie.

b) Qui ________________________?

– ______________________ Louise.

c) – Tu t'appelles ________________?

– Je ____________________ Thomas.

d) – C'____________________ un chat?

– Mais non, c'__________ un chien!

4. Vervollständige die Sätze mit den folgenden Wörtern. Jedes Element darf nur einmal verwendet werden!

suis | va | Bonjour | Qui | tu | est-ce | Ça

va | Oui | C'est | t'appelles | Je | je suis

a) – ____________! Ça ____________?

– ____________, ça va bien.

b) – Tu ____________ comment?

– ____________ m'appelle Gabriel.

c) – ____________ est-ce?

– ____________ papa.

d) – ____________ va?

– Oui, ça ____________ bien!

e) – Je ____________ Anne. Et toi, ____________ es Pierre?

– Oui, ____________ Pierre.

f) – Qui ____________?

– C'est Justin.

Die Lösungen zu den Übungen findest du auf Seite 54.

Découvertes: Copain, copine

il **fait** [ilfɛ]	er macht	3
faire [fɛʀ]	machen	3
il **parle** [ilpaʀl]	er spricht	1a
parler [paʀle]	sprechen	1a
il **regarde** [ilʀəgaʀd]	er sieht an/er betrachtet	1a
regarder qc [ʀəgaʀde]	etw. ansehen/betrachten	1a
elle **arrive** [ɛlaʀiv]	sie kommt (an)	1c
arriver [aʀive]	(an)kommen	1c
elle **cherche** [ɛlʃɛʀʃ]	sie sucht	1a
chercher qc [ʃɛʀʃe]	etw. suchen	1a

Atelier A: En rythme

j'**écoute** [ʒekut]	ich höre zu/ich höre an	1a
écouter qn/qc [ekute]	jemandem zuhören/ etw. anhören	1a
je **trouve** [ʒətʀuv]	ich finde	1a
trouver qc [tʀuve]	etw. finden	1a
je **porte** [ʒəpɔʀt]	ich trage	1a
porter [pɔʀte]	tragen	1a
je **travaille** [ʒətʀavaj]	ich arbeite	1a
travailler [tʀavaje]	arbeiten	1c
j'**entre** [ʒɑ̃tʀ]	ich trete ein	1c
entrer [ɑ̃tʀe]	eintreten/herein kommen	1a

Atelier A: Voilà Alex.

il **dit** [ildi]	er sagt
dire [diʀ]	sagen

Verben auf -er: Die 2. Person Singular „tu" hat immer ein **-s**!

Atelier B: Salut, Jérôme!

ils **sont** [ilsɔ̃]	sie sind	1
être [ɛtʀ]	sein	1
tu **habites** [tyabit]	du wohnst	1b
vous **habitez** [vuzabite]	ihr wohnt	1b
j'**habite** [ʒabit]	ich wohne	1b
habiter [abite]	wohnen	1b
tu **aimes** [tyɛm]	du liebst/du magst	1c
j'**aime** [ʒɛm]	ich liebe/ich mag	1c
aimer [ɛme]	lieben/mögen	1c
je **déteste** [ʒədetɛst]	ich verabscheue	1a
détester [detɛste]	verabscheuen	1a

je + Vokal oder stummes „h" → **j'**
z. B. j'aime, j'habite

TIPP

Schreibe die einzelnen Verbformen auf einen großen Zettel und hänge diesen an einen Ort, an dem du dich öfter am Tag aufhältst. So lernst du die Konjugationen im „Vorbeigehen".

1. *Il, elle, on*. Setze das passende Pronomen ein. (G5)

a) ______________________ est super, la BD!

b) Que fait Léo? ______________________ cherche Malabar.

c) Chut! Ici, ______________________ travaille.

d) ______________________ est où, le chien?

e) ______________________ cherche ensemble?

f) Que fait Alex? ______________________ travaille.

g) ______________________ est où, l'école ?

2. Konjugiere die Verben. (G5)

	je/j'	tu	il/elle
regarder			
écouter			
parler			
chercher			
trouver			
porter			
travailler			

3. Finde im Gitternetz die französischen Infinitive zu folgenden Verben.

a) lieben/mögen
b) sprechen
c) arbeiten
d) finden
e) ansehen/betrachten
f) suchen
g) tragen
h) zuhören/anhören

R	A	L	T	S	E	D	E	E	O	P	T	U
E	E	R	R	A	I	M	E	R	E	T	R	T
G	S	E	U	T	R	B	I	Z	A	R	A	V
A	P	E	U	R	E	T	R	I	B	C	V	X
R	X	P	O	R	T	E	R	M	E	T	A	T
D	A	U	T	R	E	E	N	Z	I	C	I	L
E	C	I	E	C	O	U	T	E	R	B	L	C
R	L	M	U	S	I	D	R	E	R	C	L	I
R	P	S	T	A	U	H	A	N	T	V	E	R
E	A	B	O	C	H	E	R	C	H	E	R	Q
O	R	I	M	R	C	H	P	A	M	R	M	S
R	L	E	N	T	R	O	U	V	E	R	S	I
P	E	L	L	S	A	L	U	E	R	M	A	R
P	R	S	O	L	E	I	L	M	A	I	S	O

4. Bilde vollständige Sätze, indem du die Satzteile durch Linien miteinander verbindest.

a) J'	regarde	Malabar.
b) Alex	portes	un carton.
c) Tu	écoute	la BD.
d) Léo	trouves	une gomme.
e) Tu	cherche	un CD.

5. Stelle die passende Frage. (G6)

Qui est-ce?

Qu'est-ce que c'est?

Il/elle est où?

Que fait …?

a) ______________________________

– Le chat est dans le magasin.

b) ______________________________

– C'est l'ami de Malou.

c) ______________________________

– Alex travaille.

d) ______________________________

– Mme Latière est dans la maison de la presse.

e) ______________________________

– C'est un cahier.

6. Übersetze auf Französisch und ergänze die Sätze.

a) – Wo wohnst du? = Où est-ce que tu ____________?

– Ich wohne in Paris. = ____________ à Paris.

b) – Was magst du? = Qu'est-ce que tu ____________?

– Ich mag CDs anhören. = ____________ écouter des CD.

c) – Was schaust du an? = Qu'est-ce que tu ____________ ?

– Ich schaue einen Comic an. = ____________ une BD.

Die Lösungen zu den Übungen findest du auf Seite 54–55.

Unité 3

Atelier A: On prépare l'anniversaire.

il y **a** [ilja]	es gibt/es ist/es sind	2
préparer qc [pʀepaʀe]	etw. vorbereiten	1a
je regrette [ʒəʀəgʀɛt]	ich bedauere	1a
regretter [ʀəgʀɛte]	etw. bedauern	1a
tu **invites** [tyɛ̃vit]	du lädst ein	1c
j'**invite** [ʒɛ̃vit]	ich lade ein	1c
inviter qn [ɛ̃vite]	jemanden einladen	1c
tu **ranges** [tyʀɑ̃ʒ]	du räumst auf	1g
je **range** [ʒəʀɑ̃ʒ]	ich räume auf	1g
ranger [ʀɑ̃ʒe]	etw. aufräumen	1g

Atelier B: L'anniversaire de Léo.

manger qc [mɑ̃ʒe]	etw. essen	1g
il **souffle** [ilsufl]	er bläst aus	1a
souffler qc [sufle]	etw. ausblasen	1a
ils **chantent** [ilʃɑ̃t]	sie singen	1a
chanter [ʃɑ̃te]	singen	1a
j'**ai** treize ans [ʒetʀɛzɑ̃]	ich bin dreizehn Jahre alt	2
avoir treize ans [avwaʀtʀɛzɑ̃]	dreizehn Jahre alt sein	2
avoir faim [avwaʀfɛ̃]	Hunger haben	2
avoir envie de faire qc [avwaʀɑ̃vidəfɛʀ]	Lust haben, etw. zu tun	2
avoir [avwaʀ]	haben	2
il **s'appelle** [ilsapɛl]	er heißt	1d
s'appeler [sapəle]	heißen	1d

Denke an die Bindung im Plural (G11):
nous‿**avons**, vous‿**avez**, ils‿**ont**, elles‿**ont**.

1. **Bringe die Verben in die passende Form.**

a) – Alors, Paul, tu ____________ (ranger) ta chambre?

b) Demain, c'________ (être) ton anniversaire.

c) Tu ____________ (inviter) tes copains ici? C'est la catastrophe!

d) – Maman, mes copains __________ (être) sympas.

e) Ma chambre __________ (être) super.

f) Et mon gâteau, c'________ (être) demain?

g) – Oui, Léo, demain tu ______________ (souffler) les bougies.

2. ***je/j', tu, il/elle, nous, vous, ils/elles*. Setze die fehlenden Pronomen ein. Achtung: Manchmal gibt es mehrere Möglichkeiten. Finde sie alle!**

a) __________ soufflons

b) __________ range

c) __________ aime

d) __________ invitez

e) __________ ai onze ans

f) __________ prépares

g) __________ ai envie de

h) __________ a treize ans

i) __________ chantent

j) __________ aimons

3. **Beantworte die Fragen.**

a) Comment tu t'appelles? ______________________________.

b) Tu as quel âge? ______________________________.

c) Tu habites où? ______________________________.

4. Bringe die Verben in die passende Form.

a) Léo ________________ (inviter) ses amis.

b) Ils ________________ (chanter) une chanson.

c) Léo ________________ (souffler) les bougies.

d) Ils ________________ (manger) le gâteau.

e) Et Alex et Marie ? Elles ______________ (trouver) ça super.

f) Et Mehdi et Jérôme ? Ils ______________ (aimer) bien ça.

5. Ergänze die Verbformen mit den richtigen Endungen.

a) Les filles chant_____.

b) Léo souffl_____ les bougies.

c) Nous prépar_____ un gâteau.

d) Vous av_____ faim?

e) Nous av_____ envie de regarder un DVD.

f) Je détest_____ la techno.

6. Léo macht in seiner SMS 8 Fehler. Korrigiere sie und schreibe den Text.

Salut Pierre, Ça vas? Moi, ça vas. Aujourd'hui, c'es mon anniversaire. J'ait onze ans. J'é envi de chanter. J'invites mes copains. Et ton anniversaire, c'é quand?

____

____

____ Léo.

Die Lösungen zu den Übungen findest du auf Seite 55.

Découvertes: Au collège Balzac

ils **jouent** [ilʒu]	sie spielen	1a
jouer [ʒwe]	spielen	1a
être en retard [ɛtʀɑ̃ʀətaʀ]	zu spät kommen	1

Atelier A: La clé

il **commence** [ilkɔmɑ̃s]	er fängt an/er beginnt	1f
commencer [kɔmɑ̃se]	anfangen/beginnen	1f
il **rentre** [ilʀɑ̃tʀ]	er geht nach Hause/ er kommt zurück	1a
rentrer [ʀɑ̃tʀe]	zurückkommen/ nach Hause gehen	1a
il **va** [ilva]	er geht	4
aller [ale]	gehen/fahren	4
ils **retrouvent** [ilʀətʀuv]	sie treffen	1a
retrouver qn/qc [ʀətʀuve]	jemanden treffen/ etw. wiederfinden	1a
il **raconte** qc [ilʀakɔ̃t]	er erzählt etw.	1a
raconter qc [ʀakɔ̃te]	etw. erzählen	1a
ils **discutent** [ildiskyt]	sie diskutieren/ sie unterhalten sich	1a
discuter de qc [diskyte]	(über etw.) diskutieren	1a

Atelier B: Une surprise

je **clique** [ʒəklik]	ich klicke	1a
cliquer [klike]	klicken	1a
je **fais** qc [ʒəfɛ]	ich mache etw.	3
faire qc [fɛʀ]	etw. machen	3
il **a** raison [ilaʀɛzɔ̃]	er hat recht	2
avoir raison [avwaʀʀɛzɔ̃]	recht haben	2
rêver [ʀɛve]	träumen	1a
je **rêve** [ʒəʀɛv]	ich träume	1a

! Für die französische **Verneinung** brauchst du zwei **Verneinungswörter**: Non! Moi, je **ne** fais **pas** ça!
Non, je **n'**aime **pas** ça.

1. Vervollständige die Sätze mit Formen von *avoir*, *être* und *faire*.

a) Léo ________________ onze ans.

b) Aujourd'hui, il ____________________ en retard.

c) Il _______________ une clé USB dans la main.

d) Il discute avec ses copains: «On ______________ une copie, d'accord?»

e) Jérôme et Marie disent : «Non, nous ne _________________ pas ça!»

2. Bilde vollständige Sätze, indem du die Satzteile durch Linien miteinander verbindest.

a) Les amis	dit	l'histoire de la clé.
b) Léo	sont	«On ne fait pas ça.»
c) La prof	arrive	«Le cours commence à 8 heures.»
d) Il	raconte	en classe.
e) Marie et Mehdi	disent	en retard.

3. Antworte immer mit einem verneinten Satz. (G12)

Beispiel: – Vous regardez la télé?
– Non, on *ne regarde pas* la télé.

a) – Marie a 12 ans?

– Marie ______________________ 12 ans.

b) – Où est Léo?

– Il ____________________________ là.

c) – Vous rangez votre chambre, les filles?

– Non, nous _________________________ notre chambre aujourd'hui.

d) – Tu invites tes cousins?

– Non, je ____________________ mes cousins, maman.

e) – On fait une copie de la clé USB?

– Non, on ___________________________ une copie de la clé USB.

f) – Vous faites vos devoirs?

– Euh … Non, nous ______________________________ nos devoirs.

g) – Tu es en retard?

– Non, je ______________________________ en retard.

Quatre minutes, ce _________________ un retard!

Die Lösungen zu den Übungen findest du auf Seite 55.

Atelier A: Une nuit chez Marie

passer qc [pase]	etw. verbringen	1a
aller faire qc [alefɛʀ]	etw. tun werden	4
nous **allons faire** [nuzalɔ̃fɛʀ]	wir werden tun	4
Je **fais** du judo. [ʒəfɛdyʒydo]	Ich betreibe Judo.	3
faire du judo [fɛʀdyʒydo]	Judo betreiben	3
elles **quittent** qc [ɛlkit]	sie verlassen etw.	1a
quitter qc [kite]	etw. verlassen	1a
coucher [kuʃe]	schlafen	1a
poser [poze]	setzen, stellen, legen	1a
elle **pose** [ɛlpoz]	sie setzt, sie stellt, sie legt	1a
jouer [ʒwe]	spielen	1a

Atelier B: Le champion numéro 1

téléphoner à qn [telefɔne]	mit jemandem telefonieren	1a
je **téléphone** [ʒətelefɔn]	ich rufe an	1a
tu **tournes** [tytuʀn]	du drehst/du biegst ab	1a
tourner [tuʀne]	drehen/abbiegen	1a
traverse [tʀavɛʀs]	überquere	1a
traverser qc [tʀavɛʀse]	etw. überqueren	1a
Vous pouvez **répéter**, s'il vous plaît? [vupuveʀepetesilvuplɛ]	Können Sie bitte wiederholen?	1a
répéter qc [ʀepete]	etw. wiederholen	1a
pouvoir [puvwaʀ]	können	9
Vous **pouvez** …? [vupuve]	Können Sie …?	9
saluer [salɥe]	jemanden begrüßen	1a
je **salue** [ʒəsaly]	ich begrüße	1a
Je **gagne** toujours! [ʒəgaɲtuʒuʀ]	Ich gewinne immer!	1a

gagner [gaɲe]	gewinnen	1a
on **tombe** [ɔ̃tɔ̃b]	man fällt	1a
tomber [tɔ̃be]	fallen	1a
Ça **fait** mal. [safɛmal]	Es tut weh.	4
faire mal [fɛʀmal]	weh tun	4
Tu **as** mal? [tyamal]	Hast du Schmerzen?	2
avoir mal [avwaʀmal]	Schmerzen haben	2
interviewer [ɛ̃tɛʀvjue]	ein Interview machen	1a

Atelier C: Au stand de crêpes

J'**ai** soif. [ʒeswaf]	Ich habe Durst.	2
avoir soif [avwaʀswaf]	Durst haben	2
On **prend** qc? [ɔ̃pʀɑ̃]	Nehmen wir etwas?	5
prendre qc [pʀɑ̃dʀ]	etw. nehmen/essen	5
Ça **coûte** combien? [sakutkɔ̃bjɛ̃]	Wie viel kostet das?	1a
coûter qc [kute]	etw. kosten	1a
Ça **fait** [safɛ]	Das macht/Das kostet	3
faire [fɛʀ]	machen	3
je **voudrais** [ʒəvudʀɛ]	ich möchte	

!

Lerne die Verben immer mit ihren Ergänzungen.
Je fais **du** judo. (Ich betreibe Judo.)

Besonderheiten mit **aller**!

1. Merke dir die folgenden Präpositionen:

aller + à (bei Orten) ABER **aller + chez** (bei Personen)

Je vais **à Interclub**. ABER Je vais **chez Marie**.

2. Die Imperativform im Singular ist unregelmäßig:
va/allons/allez

1. Finde das passende Verb und bringe es in die richtige Form des Imperativs. (G19)

aller/téléphoner/tourner/traverser/saluer/jouer/quitter

a) (2. Person Plural) ______________________ attention!

b) (2. Person Plural) ______________________ le prof!

c) (2. Person Singular) ______________________ la rue.

d) (2. Person Plural) ______________________ à la maison.

e) (2. Person Singular) Vite! ______________________ Interclub!

f) (1. Person Plural) ______________________ au foot!

2. Stelle die passenden Fragen mit *est-ce que*. (G20)

Beispiel: – Quand est-ce que tu regardes la télévision?
– Je regarde la télévision à 19 heures.

a) ____?

– Oui, ce sont leurs copains.

b) ____?

– Nous allons au parc en roller.

c) ____?

– Ils sont devant le collège.

d) ____?

– Non, Léa n'a pas ses affaires.

3. ***aller und faire*. Konjugiere die Verben und wähle die richtigen Präpositionen *(à la, au, chez, de la, du, des)*.** (G17, G18)

Beispiel: Vous allez chez Marie.

a) Aujourd'hui, nous (faire) ______________________ dessin.

b) Béatrice (ne pas aller) ______________________ sa cousine.

c) Tu (ne pas aller) ______________________ cantine?

d) Je (faire) ______________________ judo avec Béatrice.

e) Les élèves (aller) ______________________ collège.

f) Est-ce que vous (faire) ______________________ judo?

4. Unterstreiche alle Verben. Gib für jedes Verb an, um welche Verbform es sich handelt. (G11, G12)

Beispiel: Alex va au club de sport à 3 heures.

Va: 3. Person Singular Präsens von „aller"

a) Papa, s'il te plaît, je vais au collège en voiture!

____

b) Il est où, notre portable?

____

c) Allons à Interclub.

____

d) Les amis préparent l'anniversaire.

____

e) Va à la cuisine.

____

f) Vous avez faim?

____

5. Ergänze die Verbformen mit den richtigen Endungen und wähle die richtigen Präpositionen, wenn nötig.
(G17, G18)

a) Aujourd'hui, je voudr______ couch______ __________ Marie.

b) D'abord, je téléphon______ __________ Marie.

c) Puis je demand______ __________ sa mère.

d) Je rang________ mes affaires.

e) Chez Marie, nous all______ discut______ jusqu'à minuit!

Die Lösungen zu den Übungen findest du auf Seite 56.

Découvertes: On fait la fête!

ils **dansent** [ildɑ̃s]	sie tanzen	1a
danser [dɑ̃se]	tanzen	1a
on **fait la fête** [ɔ̃fɛlafɛt]	man feiert	3
faire la fête [fɛʀlafɛt]	feiern	3

Atelier A: Le blog de Marie

elles ont **téléphoné** [ɛlzɔ̃telefɔne]	sie haben angerufen	1a
téléphoner à qn [telefɔnea]	mit jemandem telefonieren/ jemanden anrufen	1a
je **reste** [ʒəʀɛst]	ich bleibe	1a
rester [ʀɛste]	bleiben	1a
il a **oublié** qc [ilaublije]	er hat etw. vergessen	1c
oublier [ublije]	vergessen	1c
on **fête** [ɔ̃fɛt]	man feiert	1a
fêter qc [fɛte]	etw. feiern	1a
je **pense** [ʒəpɑ̃s]	ich denke	1a
penser [pɑ̃se]	denken	1a

Atelier B: Au bal du 14 Juillet

mettez qc [mɛte]	legt etw.	8
mettre qc [mɛtʀ]	etw. legen/setzen/stellen; etw. anziehen	8
je **donne** qc [ʒədɔn]	ich gebe etw.	1a
donner qc à qn [dɔne]	jemandem etw. geben	1a
Tu **donnes la main** à qn. [tydɔnlamɛ̃]	Du gibst jemandem die Hand.	1a

donner la main à qn [dɔnelamɛ̃]	jemandem die Hand geben	1a
parler à qn [paʀle]	mit jemandem sprechen	1a
montrer qc à qn [mɔ̃tʀe]	jemandem etw. zeigen	1a
tu **aides** [tyɛd]	du hilfst	1c
aider qn [ɛde]	jemandem helfen	1c
demander (qc) à qn [dəmɑ̃de]	jemanden (nach etw.) fragen/jemanden um etw. bitten	1a
rencontrer qn [ʀɑ̃kɔ̃tʀe]	jemanden treffen/ jemandem begegnen	1a
on **va vers** qn [ɔ̃vavɛʀ]	man geht auf jemanden zu	4
aller vers qn [alevɛʀ]	auf jemanden zugehen	4
ça **change** (de qc) [saʃɑ̃ʒ]	es ist mal etw. anderes (als …)	1g
changer [ʃɑ̃ʒe]	wechseln, ändern	1g
continuer à faire qc [kɔ̃tinɥe]	fortfahren, etw. zu tun	1a
Je te vois venir. [ʒətəvwavəniʀ]	Ich merke schon, worauf du hinaus willst.	
je veux [ʒəvø]	ich will, ich möchte	

TIPP

Beim Lernen wirst du oft Gemeinsamkeiten zwischen dem Französischen und dem Deutschen feststellen. Achte aber besonders auf die **Unterschiede**, z. B. télé**ph**oner → tele**f**onieren, und die **Verbergänzungen**, z. B. téléphoner **à** qn → **mit** jemandem telefonieren.

1. Welche Verben brauchen eine Präposition? Kreuze sie an und notiere die richtige Präposition. (G24)

Beispiel: demander *demander à qn*

téléphoner ________________

manger ________________

parler ________________

donner ________________

aider ________________

chercher ________________

regarder ________________

montrer ________________

2. Bringe die Sätze ins Passé composé. (G22)

a) Hier, Clara ________________ (ranger) sa chambre.

b) Elle ________________ (chercher) ses affaires.

c) Elle ________________ (poser) des trucs sur son lit.

d) Elle ________________ (montrer) des vêtements à Marie.

e) Puis elle ________________ (téléphoner) à ses amis.

f) Sa maman ________________ (discuter) du problème.

g) Puis elle ________________ (préparer) le repas.

h) Et elle ________________ (faire) un gâteau d'anniversaire pour Clara.

3. Korrigiere die Fehler. Notiere die richtigen Sätze. (G24)

a) Marie parle sa mère.

____

b) Nous allons mangeons chez nos copains.

____

c) Je vais ne ranger ma chambre maintenant.

____

d) Papa savent bien préparer un gâteau.

____

e) Maman dit: «Et vous téléphonez encore vos amis?»

____

4. Bringe die Verben in die gewünschte Form. (G22)

a) mettre (Präsens, 1. Ps. Sg):

____

b) donner (Präsens, 2. Ps. Sg):

____

c) aller chercher (Imperativ, 2. Ps. Sg):

____

d) mettre (Präsens, 3. Ps. Pl):

____

e) montrer (Präsens, 1. Ps. Pl):

____

f) oublier (Imperativ, 2. Ps. Pl):

____

g) rester (Präsens, 2. Ps. Pl):

____

h) penser (Präsens, 2. Ps. Sg):

____

i) continuer (Imperativ, 1. Ps. Pl):

____

j) fêter (Präsens, 3. Ps. Pl):

____

5. Ergänze die Verbformen mit den richtigen Endungen. (G25)

a) – Demain, je met_____ ma jolie robe bleue. Et toi, qu'est-ce que tu met_____?

b) – Je v_____ mettre mon chapeau! Hier, j'ai rang_____ ma chambre et j'ai retrouv_____ mon beau chapeau.

c) – Tu a_____ téléphon_____ à tes parents? Nous all_____ rentr_____ tard. On v_____ danser toute la nuit!

d) – Oui, tu pens_____! Et nous all_____ faire la fête!

e) – Ah, je te vo_____ venir …

6. Setze die Verben ins Passé composé und beantworte die Fragen mit der Verneinung. (G22)

Beispiel: – Est-ce qu'elle a travaillé?
– Non, elle n'a pas travaillé.

a) Est-ce qu'elle ____________ (manger) à la maison?

____

b) Est-ce qu'elle ____________ (continuer) à chanter?

____

c) Est-ce qu'il ____________ (ranger) sa chambre?

____

d) Est-ce qu'il ____________ (demander) à son père?

____

e) Est-ce qu'il ____________ (faire la fête)?

____

Die Lösungen zu den Übungen findest du auf Seite 56–57.

Découvertes: Le Paris des touristes

visiter qc [vizite]	etw. besichtigen	1a

Atelier B: Bonjour de Paris!

j'**écris** qc à qn [ʒekʀi]	ich schreibe jemandem etw.	7
écrire qc à qn [ekʀiʀ]	jemandem etw. schreiben	7
Il **neige**. [ilnɛʒ]	Es schneit.	1a
neiger [neʒe]	schneien	1a
Il **pleut**. [ilplø]	Es regnet.	
pleuvoir [pløvwaʀ]	regnen	

Atelier C: Des millions de kilomètres

tu sais [tysɛ]	du weißt	

Atelier D: Au marché aux puces

adorer qn/qc [adɔʀe]	jemanden/etw. sehr gern mögen	1a
inventer qc [ɛ̃vɑ̃te]	etw. erfinden	1a
Vous **désirez**? [vudeziʀe]	Was wünschen Sie?	1a
désirer [deziʀe]	etw. wünschen	1a
(Je **suis**) désolé(e) [ʒəsɥidezɔle]	(Es) tut mir leid.	1

TIPP

Am besten schaust du dir die verschiedenen Verbkonjugationen immer wieder kurz an, auch die aus früheren Lektionen.
So wirst du sie bald alle problemlos beherrschen.

1. Konjugiere die Verben. (G12)

	écrire	lire	prendre
je/j'			
tu			
il/elle/on			
nous			
vous			
ils/elles			

2. Finde die gesuchten Verbformen in dem Buchstabengitter.

E	X	L	I	S	N	A	C	A	T	E	C	V	B
E	U	N	P	L	E	U	T	O	O	I	M	A	L
C	P	R	E	N	D	S	R	B	U	A	A	L	I
R	A	S	R	O	K	L	O	A	R	M	N	O	S
I	U	A	M	E	T	S	U	C	N	L	G	A	O
V	A	B	X	U	N	A	V	L	O	T	E	A	N
E	E	C	R	I	T	D	E	S	N	E	Z	D	S
Z	I	O	M	V	T	A	S	V	S	A	N	I	Z

a) mettre: Präsens, 2. Ps. Sg.
b) manger: Imperativ, 2. Ps. Pl.
c) lire: Imperativ, 1. Ps. Pl.
d) prendre: Präsens, 2. Ps. Sg.
e) tourner: Präsens, 1. Ps. Pl.
f) écrire: Präsens, 3. Ps. Sg.
g) écrire: Imperativ, 2. Ps. Pl.
h) trouver: Präsens, 2. Ps. Sg.
i) pleuvoir: Präsens, 3. Ps. Sg.
j) lire: Präsens, 2. Ps. Sg.

3. Finde die passenden Verben und setze sie in die richtige Form. (G5, G25, G26)

prendre lire chanter savoir porter écrire jouer

a) Tu ________________, aujourd'hui, c'est mon anniversaire!

b) Je ________________ toujours un jean noir et un t-shirt rouge.

c) On ________________ le train Paris-Nancy de 9h30.

d) Le mari de ma tante ________________ au monopoly.

e) Pour son anniversaire, je vais ________________ une chanson.

f) Dans la chambre, les amis ________________ des BD.

g) Nous ________________ une carte postale à mamie.

4. Bringe die Satzteile in die richtige Reihenfolge und konjugiere die Verben.

a) jolie/robe/une/amie/rouge./porter/Mon

____

b) prendre/des/sœur/cours/petite/de judo./ne/pas/Ma

____

c) Alice/parents/Les/habiter/rue Cadet./d'

____

d) de/Paris./envie/avoir/visiter/J'

____

5. **Trage die gesuchten Verbformen ein.** (G11, G12)

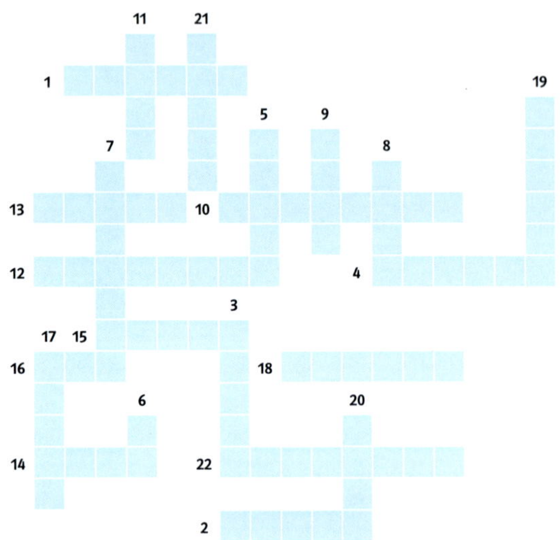

Horizontal	**Vertikal**
1. trouver (Präsens, 3. Ps. Sg.)	3. entrer (Präsens, 3. Ps. Sg.)
2. aller (Präsens, 2. Ps. Pl.)	5. écrire (Präsens, 2. Ps. Sg.)
4. être (Präsens, 1. Ps. Pl.)	6. avoir (Präsens, 2. Ps. Sg.)
10. prendre (Präsens, 3. Ps. Pl.)	7. prendre (Präsens, 1. Ps. Pl.)
12. manger (Imperativ, 1. Ps. Pl.)	8. mettre (Präsens, 2. Ps. Sg.)
13. porter (Präsens, 3. Ps. Sg.)	9. être (Präsens, 3. Ps. Pl.)
14. être (Präsens, 2. Ps. Pl.)	11. faire (Präsens, 3. Ps. Pl.)
15. neiger (Präsens, 3. Ps. Sg.)	17. lire (Imperativ, 2. Ps. Pl.)
16. lire (Imperativ, 2. Ps. Sg.)	19. adorer (Präsens, 2. Ps. Sg.)
18. faire (Imperativ, 2. Ps. Pl.)	20. avoir (Präsens, 2. Ps. Pl.)
22. écrire (Präsens, 3. Ps. Pl.)	21. avoir (Präsens, 1. Ps. Pl.)

Die Lösungen zu den Übungen findest du auf Seite 57–58.

1 Die Verben auf *-er*: *-e, -es, -e, -ons, -ez, -ent*

1a	**chercher** (suchen)								G5
Präsens		**[Passé composé]**			**Futur composé**			**Imperativ**	
je	cherch**e**	j'	ai	cherché	je	vais	chercher	cherch**e**	
tu	cherch**es**	tu	as	cherché	tu	vas	chercher	cherch**ons**	
il/elle/on	cherch**e**	il/elle/on	a	cherché	il/elle/on	va	chercher	cherch**ez**	
nous	cherch**ons**	nous	avons	cherché	nous	allons	chercher		
vous	cherch**ez**	vous	avez	cherché	vous	allez	chercher		
ils/elles	cherch**ent**	ils/elles	ont	cherché	ils/elles	vont	chercher		

Ebenso: alle regelmäßigen Verben auf ***-er.***

Beachte: tomber (fallen), **rentrer** (zurückkommen), **rester** (bleiben) bilden das **Passé composé** mit **être**.
Die Bildung des **Passé composé** mit **être** wird in Band 2 behandelt.

1 Die Verben auf *-er*: *-e, -es, -e, -ons, -ez, -ent*

1b	**habiter** (wohnen)							G5
Präsens		**[Passé composé]**			**Futur composé**			**Imperativ**
j'	habit**e**	j'	ai	habité	je	vais	habiter	habit**e**
tu	habit**es**	tu	as	habité	tu	vas	habiter	habit**ons**
il/elle/on	habit**e**	il/elle/on	a	habité	il/elle/on	va	habiter	habit**ez**
nous	habit**ons**	nous	avons	habité	nous	allons	habiter	
vous	habit**ez**	vous	avez	habité	vous	allez	habiter	
ils/elles	habit**ent**	ils/elles	ont	habité	ils/elles	vont	habiter	

1 Die Verben auf *-er*: *-e, -es, -e, -ons, -ez, -ent*

1c	**arriver** ((an)kommen)							G5
Präsens		**[Passé composé]**			**Futur composé**			**Imperativ**
j'	arriv**e**	je	suis	arrivé(e)	je	vais	arriver	arriv**e**
tu	arriv**es**	tu	es	arrivé(e)	tu	vas	arriver	arriv**ons**
il/elle/on	arriv**e**	il/elle/on	est	arrivé(e)	il/elle/on	va	arriver	arriv**ez**
nous	arriv**ons**	nous	sommes	arrivé(e)s	nous	allons	arriver	
vous	arriv**ez**	vous	êtes	arrivé(e)s	vous	allez	arriver	
ils/elles	arriv**ent**	ils/elles	sont	arrivé(e)s	ils/elles	vont	arriver	

Ebenso: aider (helfen), **aimer** (lieben/mögen), **inviter** (einladen), **écouter** (jemandem zuhören/etw. anhören), **entrer** (eintreten, hereinkommen), **oublier** (vergessen).

Beachte: arriver und **entrer** bilden das **Passé composé** mit **être**.
Die Bildung des **Passé composé** mit **être** wird in Band 2 behandelt.

1 Die Verben auf *-er*: *-e, -es, -e, -ons, -ez, -ent*

1d		**⟨ s'appeler ⟩** (heißen)									G12
Präsens			**[Passé composé]**				**Futur composé**				**Imperativ**
je	m'	appel**le**	je	me	suis	appelé(e)	je	vais	m'	appeler	appel**le**
tu	t'	appel**les**	tu	t'	es	appelé(e)	tu	vas	t'	appeler	appel**ons**
il/elle/on	s'	appel**le**	il/elle/on	s'	est	appelé(e)	il/elle/on	va	s'	appeler	appel**ez**
nous	nous	appel**ons**	nous	nous	sommes	appelé(e)s	nous	allons	nous	appeler	
vous	vous	appel**ez**	vous	vous	êtes	appelé(e)s	vous	allez	vous	appeler	
ils/elles	s'	appel**lent**	ils/elles	se	sont	appelé(e)s	ils/elles	vont	s'	appeler	

Von dem Verb **s'appeler** hast du bisher die blau hinterlegten Formen kennengelernt.
Alle anderen Formen lernst du in Band 2.

1 Die Verben auf *-er*: *-e, -es, -e, -ons, -ez, -ent*

1e	**⟨ répéter ⟩** (wiederholen)							
[Präsens]		**[Passé composé]**			**[Futur composé]**			**[Imperativ]**
je	répèt**e**	j'	ai	répété	je	vais	répéter	répèt**e**
tu	répèt**es**	tu	as	répété	tu	vas	répéter	répét**ons**
il/elle/on	répèt**e**	il/elle/on	a	répété	il/elle/on	va	répéter	répét**ez**
nous	répét**ons**	nous	avons	répété	nous	allons	répéter	
vous	répét**ez**	vous	avez	répété	vous	allez	répéter	
ils/elles	répèt**ent**	ils/elles	ont	répété	ils/elles	vont	répéter	

Von dem Verb **répéter** hast du bisher nur den Infinitiv kennengelernt.
Die konjugierten Formen musst du jetzt noch nicht kennen.

1f	**commencer** (anfangen)							
Präsens		**Passé composé**			**Futur composé**			**Imperativ**
je	commenc**e**	j'	ai	commencé	je	vais	commencer	commenc**e**
tu	commenc**es**	tu	as	commencé	tu	vas	commencer	commen**çons**
il/elle/on	commenc**e**	il/elle/on	a	commencé	il/elle/on	va	commencer	commenc**ez**
nous	commen**çons**	nous	avons	commencé	nous	allons	commencer	
vous	commenc**ez**	vous	avez	commencé	vous	allez	commencer	
ils/elles	commenc**ent**	ils/elles	ont	commencé	ils/elles	vont	commencer	

1g	**manger** (essen)								
Präsens		**Passé composé**			**Futur composé**			**Imperativ**
je	mang**e**	j'	ai	mangé	je	vais	manger	mang**e**
tu	mang**es**	tu	as	mangé	tu	vas	manger	mange**ons**
il/elle/on	mang**e**	il/elle/on	a	mangé	il/elle/on	va	manger	mang**ez**
nous	mange**ons**	nous	avons	mangé	nous	allons	manger	
vous	mang**ez**	vous	avez	mangé	vous	allez	manger	
ils/elles	mang**ent**	ils/elles	ont	mangé	ils/elles	vont	manger	

Ebenso: **ranger** qc (etw. aufräumen), **changer** qc (etw. wechseln, ändern).

Unregelmäßige Verben

1	**être** (sein)							G4
Präsens		**Passé composé**			**Futur composé**			**Imperativ**
je	suis	j'	ai	été	je	vais	être	sois
tu	es	tu	as	été	tu	vas	être	soyons
il/elle/on	est	il/elle/on	a	été	il/elle/on	va	être	soyez
nous	sommes	nous	avons	été	nous	allons	être	
vous	êtes	vous	avez	été	vous	allez	être	
ils/elles	sont	ils/elles	ont	été	ils/elles	vont	être	

2	**avoir** (haben)							G11 G22
Präsens		**Passé composé**			**Futur composé**			**Imperativ**
j'	ai	j'	ai	eu	je	vais	avoir	aie
tu	as	tu	as	eu	tu	vas	avoir	ayons
il/elle/on	a	il/elle/on	a	eu	il/elle/on	va	avoir	ayez
nous	avons	nous	avons	eu	nous	allons	avoir	
vous	avez	vous	avez	eu	vous	allez	avoir	
ils/elles	ont	ils/elles	ont	eu	ils/elles	vont	avoir	

3	**faire** (machen)								G23
Präsens		**Passé composé**			**Futur composé**				**Imperativ**
je	fai**s**	j'	ai	fait	je	vais	faire		fai**s**
tu	fai**s**	tu	as	fait	tu	vas	faire		fais**ons**
il/elle/on	fai**t**	il/elle/on	a	fait	il/elle/on	va	faire		fai**tes**
nous	fais**ons**	nous	avons	fait	nous	allons	faire		
vous	fai**tes**	vous	avez	fait	vous	allez	faire		
ils/elles	**font**	ils/elles	ont	fait	ils/elles	vont	faire		

4	**aller** (gehen)								G11 G17
Präsens		**Passé composé**			**Futur composé**			**Imperativ**	
je	vais	je	suis	allé(e)	je	vais	faire	va	
tu	vas	tu	es	allé(e)	tu	vas	faire	allons	
il/elle/on	va	il/elle/on	est	allé(e)	il/elle/on	va	faire	allez	
nous	allons	nous	sommes	allé(e)s	nous	allons	faire		
vous	allez	vous	êtes	allé(e)s	vous	allez	faire		
ils/elles	vont	ils/elles	sont	allé(e)s	ils/elles	vont	faire		

Beachte: aller bildet das **Passé composé** mit **être**.
Die Bildung des **Passé composé** mit **être** wird in Band 2 behandelt.

5	**prendre** (nehmen)								G21
Präsens		**Passé composé**			**Futur composé**			**Imperativ**	
je	prend**s**	j'	ai	pris	je	vais	prendre	prends	
tu	prend**s**	tu	as	pris	tu	vas	prendre	pren**ons**	
il/elle/on	prend	il/elle/on	a	pris	il/elle/on	va	prendre	pren**ez**	
nous	pren**ons**	nous	avons	pris	nous	allons	prendre		
vous	pren**ez**	vous	avez	pris	vous	allez	prendre		
ils/elles	prenn**ent**	ils/elles	ont	pris	ils/elles	vont	prendre		

6	**lire** (lesen)								G26
Präsens		**Passé composé**			**Futur composé**			**Imperativ**
je	li**s**	j'	ai	lu	je	vais	lire	lis
tu	li**s**	tu	as	lu	tu	vas	lire	lis**ons**
il/elle/on	li**t**	il/elle/on	a	lu	il/elle/on	va	lire	lis**ez**
nous	lis**ons**	nous	avons	lu	nous	allons	lire	
vous	lis**ez**	vous	avez	lu	vous	allez	lire	
ils/elles	lis**ent**	ils/elles	ont	lu	ils/elles	vont	lire	

7	**écrire** (schreiben)								G27
Präsens		**Passé composé**			**Futur composé**			**Imperativ**	
j'	écri**s**	j'	ai	écrit	je	vais	écrire	écris	
tu	écri**s**	tu	as	écrit	tu	vas	écrire	écriv**ons**	
il/elle/on	écri**t**	il/elle/on	a	écrit	il/elle/on	va	écrire	écriv**ez**	
nous	écriv**ons**	nous	avons	écrit	nous	allons	écrire		
vous	écriv**ez**	vous	avez	écrit	vous	allez	écrire		
ils/elles	écriv**ent**	ils/elles	ont	écrit	ils/elles	vont	écrire		

8	**mettre** (setzen, stellen, legen)							G25
Präsens		**Passé composé**			**Futur composé**			**Imperativ**
je	met**s**	j'	ai	mis	je	vais	mettre	mets
tu	met**s**	tu	as	mis	tu	vas	mettre	mett**ons**
il/elle/on	met	il/elle/on	a	mis	il/elle/on	va	mettre	mett**ez**
nous	mett**ons**	nous	avons	mis	nous	allons	mettre	
vous	mett**ez**	vous	avez	mis	vous	allez	mettre	
ils/elles	mett**ent**	ils/elles	ont	mis	ils/elles	vont	mettre	

9	**⟨ pouvoir ⟩** (können)							
Präsens		**Passé composé**			**Futur composé**			**Imperativ**
je	**peux**	j'	ai	pu	je	vais	pouvoir	—
tu	**peux**	tu	as	pu	tu	vas	pouvoir	
il/elle/on	**peut**	il/elle/on	a	pu	il/elle/on	va	pouvoir	
nous	pouv**ons**	nous	avons	pu	nous	allons	pouvoir	
vous	pouv**ez**	vous	avez	pu	vous	allez	pouvoir	
ils/elles	peuv**ent**	ils/elles	ont	pu	ils/elles	vont	pouvoir	

Im Schülerbuch kamen bisher nur die blau hinterlegten Formen vor.
Die übrigen Formen lernst du in Band 2.

A

			N°
adorer qn/qc	jemanden/etw. sehr gern mögen	I 7D, 1	1a
aimer	lieben, mögen	I 2B, 2	1c
aller	gehen, fahren	I 4A, 3	4
aller faire qc	etw. tun werden	I 5A, 1	
aller vers qn	auf jemanden zugehen	I 6B, 1	
s'appeler	heißen	I 01	1d
arriver	(an)kommen	I 2 Déc.	1c
avoir	haben	I 3B	2
avoir envie de faire qc	Lust haben, etw. zu tun	I 3B	
avoir faim	Hunger haben	I 3B	
avoir mal	Schmerzen haben	I 5B, 3	
avoir treize ans	dreizehn Jahre alt sein	I 3B, 1	
avoir raison	recht haben	I 4B, 4	
avoir soif	Durst haben	I 5C, 1	

C

changer	wechseln, ändern	I 6B, 6	1g
chanter	singen	I 3B, 1	1a
chercher	suchen	I 2 Déc.	1a
cliquer	klicken	I 4B, 4	1a
commencer	anfangen, beginnen	I 4A, 1	1a
continuer	fortfahren	I 6B, 1	1a
continuer à faire qc	fortfahren, etw. zu tun	I 6B, 1	1a
coucher	schlafen	I 5A, 3	1a
coûter	kosten	I 5C, 1	1a

D

danser	tanzen	I 6 Déc.	1a

demander	fragen	I 6B, 1	1a
demander qc à qn	jemanden nach etw. fragen, jemanden um etw. bitten	I 6B, 1	
désirer qc	etw. wünschen	I 7D, 2	1a
détester	verabscheuen	I 2B, 2	1a
dire	sagen	I 2A, 3	
discuter de qc	über etw. diskutieren, sich (über etw.) unterhalten	I 4A, 3	1a
donner	geben	I 6B, 1	1a
donner qc à qn	jemandem etw. geben	I 6B, 1	1a
donner la main à qn	jemandem die Hand geben	I 6B, 1	1a

E

écrire	schreiben	I 7B, 1	7
écrire qc à qn	jemandem etw. schreiben	I 7A, 1	
entrer	eintreten, hereinkommen	I 2A, 2	1c
être	sein	I 2B, 2	1
être en retard	zu spät kommen	I 4 Déc.	
elle est	sie ist	I 1B, 1	

F

faire qc	etw. machen	I 4B, 4	3
faire la fête	feiern	I 6 Déc.	
faire mal	weh tun	I 5B, 3	
fêter	feiern	I 6A, 4	1a

G

gagner (qc)	(etw.) gewinnen	I 5B, 3	1a

H

habiter	wohnen	I 2B, 2	1b

interviewer	ein Interview machen	I, 5B, 3	1a
inventer qc	etw. erfinden	I 7D, 1	1c
inviter qn	jemanden einladen	I 3A, 3	1c

J

jouer	spielen	I 4 Déc.	1a

L

lire	lesen, vorlesen	I 7B, 3	6
lire qc à qn	etw. lesen; jemandem etw. vorlesen	I 7B, 3	

M

manger	essen	I 3B	1g
mettre qc	etw. legen, setzen, stellen; etw. anziehen	I 6B, 1	8
montrer	zeigen	I 6B, 1	1a
montrer qc à qn	jemandem etw. zeigen	I 6B, 1	

N

neiger	schneien	I 7B, 2	1a

O

oublier	vergessen	I 6A, 4	1c

P

parler	sprechen	I 2 Déc.	1a
parler à qn	mit jemandem sprechen	I 6B, 1	
passer qc	etw. verbringen	I 5A, 1	1a
penser	denken	I 6A, 4	1a
pleuvoir	regnen	I 7B, 2	
porter qc	etw. tragen	I 2A, 2	1a

poser	setzen, stellen, legen	I 5A	1a
pouvoir	können	I 5B, 2	9
prendre qc	etw. nehmen, *hier*: essen	I 5C, 1	5
préparer qc	etw. vorbereiten	I 3A, 3	1a
Q			
quitter qc	etw. verlassen	I 5A, 3	1a
R			
raconter qc	etw. erzählen	I 4A, 3	1a
ranger qc	etw. aufräumen	I 3A, 3	1g
regarder qc	etw. ansehen, etw. betrachten	I 2 Déc.	1a
regretter qc	etw. bedauern	I 3A, 3	1a
rencontrer	treffen, begegnen	I 6B, 1	1a
rencontrer qn	jemanden treffen, jemandem begegnen	I 6B, 1	
rentrer	zurückkommen, nach Hause gehen	I 4A, 1	1a
rester	bleiben	I 6A, 2	1a
retrouver	treffen, wiederfinden	I 4A, 3	1a
retrouver qn/qc	jemanden treffen, etw. wiederfinden	I 4A, 3	
rêver	träumen	I 4B, 4	1a
S			
saluer qn	jemanden begrüßen	I 5B, 3	1a
savoir	wissen	I 7C, 1	
souffler qc	etw. ausblasen	I 3B	1a
T			
téléphoner	telefonieren, anrufen		1a

téléphoner à qn	mit jemandem telefonieren, jemanden anrufen	I 5B, 1	
tomber	fallen	I 5B, 3	1a
tourner	drehen, abbiegen	I 5B, 1	1a
travailler	arbeiten	I 2A, 2	1a
traverser qc	etw. überqueren	I 5B, 1	1a
trouver qn/qc	jemanden/etw. finden	I 2A, 2	1a

V

je veux	ich will, ich möchte	I 6B, 1	
visiter	besichtigen	I 7 Déc.	1a
je voudrais	ich möchte	I 5C, 1	

Unité 1

1. **a)** suis; es; **b)** suis; **c)** est; est.
2. **a)** m'appelle; t'appelles; **b)** m'appelle; t'appelles; **c)** m'appelle.
3. **a)** Tu es/suis; **b)** est-ce/C'est; **c)** comment/m'appelle; **d)** est/est.
4. **a)** Bonjour; va; Oui; **b)** t'appelles; Je; **c)** Qui; C'est; **d)** Ça; va; **e)** suis; tu; je suis; **f)** est-ce.

Unité 2

1. **a)** Elle; **b)** Il; **c)** on; **d)** Il; **e)** On; **f)** Elle **g)** Elle.
2. **regarder**: je regarde, tu regardes, il/elle regarde;
   écouter: j'écoute, tu écoutes, il/elle écoute;
   parler: je parle, tu parles, il/elle parle;
   chercher: je cherche, tu cherches, il/elle cherche;
   trouver: je trouve, tu trouves, il/elle trouve;
   porter: je porte, tu portes, il/elle porte;
   travailler: je travaille, tu travailles, il/elle travaille.
3.

R	A	L	T	S	E	D	E	E	O	P	T	U
E	E	R	R	A	I	M	E	R	E	T	R	T
G	S	E	U	T	R	B	I	Z	A	R	A	V
A	P	E	U	R	E	T	R	I	B	C	V	X
R	X	P	O	R	T	E	R	M	E	T	A	T
D	A	U	T	R	E	E	N	Z	I	C	I	L
E	C	I	E	C	O	U	T	E	R	B	L	C
R	L	M	U	S	I	D	R	E	R	C	L	I
R	P	S	T	A	U	H	A	N	T	V	E	R
E	A	B	O	C	H	E	R	C	H	E	R	Q
O	R	I	M	R	C	H	P	A	M	R	M	S
R	L	E	N	T	R	O	U	V	E	R	S	I
P	E	L	L	S	A	L	U	E	R	M	A	R
P	R	S	O	L	E	I	L	M	A	I	S	O

4. **a)** J'écoute un CD. **b)** Alex regarde la BD.
   c) Tu trouves une gomme. **d)** Léo cherche Malabar.
   e) Tu portes un carton.
5. **a)** Le chat est où? **b)** Qui est-ce?
   c) Que fait Alex? **d)** Mme Latière est où?
   e) Qu'est-ce que c'est?
6. **a)** habites; J'habite; **b)** aimes; J'aime; **c)** regardes; Je regarde.

Unité 3

1. **a)** ranges; **b)** est; **c)** invites; **d)** sont; **e)** est; **f)** est; **g)** souffles
2. **a)** nous; **b)** je/il/elle; **c)** j'; **d)** vous; **e)** j'; **f)** tu; **g)** j'; **h)** il/elle; **i)** ils/elles; **j)** nous.
3. **a)** Je m'appelle …; **b)** J'ai …; **c)** J'habite …
4. **a)** invite; **b)** chantent; **c)** souffle; **d)** mangent; **e)** trouvent; **f)** aiment.
5. **a)** chant**ent**; **b)** souffl**e**; **c)** prépar**ons**; **d)** av**ez**; **e)** av**ons**; **f)** détest**e**.
6. Ça va? Moi, ça va. Aujourd'hui, c'est mon anniversaire. J'ai treize ans. J'ai envie de chanter. J'invite mes copains. Et ton anniversaire, c'est quand?

Unité 4

1. **a)** a; **b)** est; **c)** a; **d)** est; **e)** fait; **f)** faisons.
2. **a)** Les amis sont en classe.
   b) Léo arrive en retard.
   c) La prof dit: «Le cours commence à 8 heures.»
   d) Il raconte l'histoire de la clé.
   e) Marie et Mehdi disent: «On ne fait pas ça.»
3. **a)** n'a pas; **b)** n'est pas; **c)** ne rangeons pas; **d)** n'invite pas; **e)** ne fait pas; **f)** ne faisons pas; **g)** ne suis pas; n'est pas.

Unité 5

1. **a)** Téléphonez; **b)** Saluez; **c)** Traverse; **d)** Allez; **e)** Quitte; **f)** Jouons.
2. **a)** Est-ce que ce sont leurs copains?
   b) Comment est-ce que vous allez au parc?
   c) Où est-ce qu'ils sont?
   d) Est-ce que Léa a ses affaires?
3. **a)** faisons du; **b)** ne va pas chez; **c)** ne vas pas à la; **d)** fais du; **e)** vont au; **f)** faites de l'.
4. **a)** vais: 1. Person Singular Präsens von „aller".
   b) est: 3. Person Plural Präsens von „être".
   c) allons: Imperativ, 1. Person Plural von „aller".
   d) préparent: 3. Person Plural Präsens von „préparer".
   e) va: Imperativ, Singular von „aller".
   f) avez: 2. Person Plural Präsens von „avoir".
5. **a)** voudrais coucher chez; **b)** téléphone à; **c)** demande à; **d)** range; **e)** allons; discuter

Unité 6

1. téléphoner à qn; parler à qn; donner la main à qn; montrer à qn.
2. **a)** a rangé; **b)** a cherché; **c)** a posé; **d)** a montré; **e)** a téléphoné; **f)** a discuté; **g)** a préparé; **h)** a fait.
3. **a)** Marie parle à sa mère.
   b) Nous allons manger chez nos copains.
   c) Je ne vais pas ranger ma chambre maintenant.
   d) Papa sait bien préparer un gâteau.
   e) Maman dit: «Et vous téléphonez encore à vos amis?»
4. **a)** je mets; **b)** tu donnes; **c)** va chercher; **d)** ils mettent; **e)** nous montrons; **f)** oubliez; **g)** vous restez; **h)** tu penses **i)** continuons; **j)** ils fêtent.
5. **a)** met**s**; met**s**; **b)** v**ais**; rang**é**; retrouv**é**; **c)** a**s**; téléphon**é**; all**ons**; rentr**er**; v**a**; **d)** pens**es**; all**ons**; **e)** vo**is**

6. **a)** Est-ce qu'elle a mangé à la maison?
   - Non, elle n'a pas mangé à la maison.
   b) Est-ce qu'elle a continué à chanter?
   - Non, elle n'a pas continué à chanter.
   c) Est-ce qu'il a rangé sa chambre?
   - Non, il n'a pas rangé sa chambre.
   d) Est-ce qu'il a demandé à son père?
   - Non, il n'a pas demandé à son père.
   e) Est-ce qu'il a fait la fête?
   - Non, il n'a pas fait la fête.

Unité 7

1. j'écris; tu écris; il/elle/on écrit; nous écrivons; vous écrivez; ils/elles écrivent.
   je lis; tu lis; il/elle/on lit; nous lisons; vous lisez; ils/elles lisent.
   je prends; tu prends; il/elle/on prend; nous prenons; vous prenez; ils/elles prennent
2. **a)** mets; **b)** mangez; **c)** lisons; **d)** prends; **e)** tournons; **f)** écrit **g)** écrivez; **h)** trouves; **i)** pleut; **j)** lis

3. **a)** sais; **b)** porte; **c)** prend; **d)** joue; **e)** chanter; **f)** lisent; **g)** écrivons.

4. **a)** Mon amie porte une jolie robe rouge.
   b) Ma petite sœur ne prend pas des cours de judo.
   c) Les parents d'Alice habitent rue Cadet.
   d) J'ai envie de visiter Paris.

5. Horizontal

1. trouve
2. allez
4. sommes
10. prennent
12. mangeons
13. porte
14. êtes
15. neige
16. lis
18. faites
22. écrivent

Vertikal

3. entre
5. écris
6. as
7. prenons
8. mets
9. sont
11. font
17. lisez
19. adores
20. avez
21. avons

				11		21											
				F		A											
	1	T	R	O	U	V	E										19
				N		O		5		9							A
			7	T		N		E		S		8					D
			P			S		C		O		M					O
13	P	O	R	T	E	10	P	R	E	N	N	E	N	T			R
			E					I		T		T					E
12	M	A	N	G	E	O	N	S			4	S	O	M	M	E	S
			O				3										
	17	15	N	E	I	G	E										
16	L	I	S				N	18	F	A	I	T	E	S			
	I			6			T				20						
	S			A			R				A						
14	E	T	E	S		22	E	C	R	I	V	E	N	T			
	Z										E						
						2	A	L	L	E	Z